Katja Reider

Kleine Lesetiger

Adventsgeschichten

Illustriert von Betina Gotzen-Beek

Loewe

Bibliografische Information Der Deutschen Bibliothek
Die Deutsche Bibliothek verzeichnet diese Publikation in der Deutschen Nationalbibliografie; detaillierte bibliografische Daten sind im Internet über *http://dnb.ddb.de* abrufbar.

Der Umwelt zuliebe ist dieses Buch auf chlorfrei gebleichtem Papier gedruckt.

ISBN 3-7855-5118-5 – 1. Auflage 2004

Umschlagillustration: Betina Gotzen-Beek
Reihenlogo: Angelika Stubner
Gesamtherstellung: L.E.G.O. S.P.A., Vicenza
Printed in Italy

www.loewe-verlag.de

Inhalt

Überraschung zum Advent

Mama zwinkert Lena und Lilli zu.
„Morgen dürft ihr das erste Päckchen von eurem Adventskalender öffnen. Wisst ihr schon, wer es auspackt?“

„Klar!“ Lena und Lilli nicken eifrig.
„Das haben wir ausgelost!“

Dann verschwinden die beiden
kichernd in ihrem Zimmer.
Sie haben noch sooo viel zu tun!

„Zutritt verboten!“,
rufen Lena und Lilli,
sobald sich jemand nähert.

Mama und Papa
schauen sich verwundert an.
Was hecken die Zwillinge nur aus?

„Wir sind fertig!“,
rufen die beiden endlich.
„Jetzt dürft ihr reinkommen!“

Gespannt betreten Mama und Papa das Kinderzimmer.

Na, so was!
Da baumeln ja
ganz viele Tütchen
an einer langen Schnur!

„Eins, zwei, drei ...“,
zählt Papa.
„Moment, das sind ja ...“

„... 24 Stück“, strahlen Lilli und Lena.
„Wir haben euch auch
einen Adventskalender gebastelt!“

„Was für eine schöne Überraschung!“,
rufen Mama und Papa.
Sie lachen sich an.

„Ich öffne morgen
das erste Tütchen, ja?“,
fragt Mama dann.

Papa schüttelt den Kopf.
„Kommt gar nicht infrage!
Ich fange an!“

Lena und Lilli kichern.
„Am besten, ihr lost das aus.
Genau wie wir ...“

Auf dem Weihnachtsmarkt

Papa und Julchen schlendern
über den Weihnachtsmarkt.
Hmm, wie das duftet!

Und da drüben steht sogar schon
ein geschmückter Tannenbaum!
Schöööön!

„Guck mal, Julchen,
das alte Karussell!“,
zeigt Papa.

Julchen nickt
und schaut sehnsüchtig hinüber.
„Möchtest du eine Runde drehen?“,
fragt Papa.

Stumm schüttelt Julchen den Kopf.
Nur Kleinkinder fahren Karussell!
Sie ist dafür leider viel zu alt.

Aber wie stolz die Kleinen aussehen!
Und wie ihre Augen strahlen!
Julchen seufzt.

Jetzt hält das Karussell wieder an.
Kinder drängen
zu den Fahrzeugen und Pferdchen.

Ein kleiner Junge zieht seine Oma
zu einem Schlitten.

„Komm doch mit! BITTE!“, fleht er.
Die Oma schüttelt hilflos den Kopf.

„Ich kann nicht, Lenni“,
sagt sie, „wirklich!
Auf dem Karussell
wird mir schwindelig.“

„Aber alleine traue ich mich nicht“,
schnieft der Junge.
„Dabei möchte ich sooo gerne!“

Julchen überlegt einen Moment.
Dann flüstert sie mit Papa.
Der nickt und geht zur Kasse.

Julchen zwinkert Lenni zu und fragt:
„Soll ich mit dir Karussell fahren?“

Lennis Oma sagt erleichtert:
„Das ist aber nett von dir!“

Auch Lenni ist begeistert!
Glücklich klettert er
an Julchens Hand
auf den Rentier-Schlitten.

Mit fröhlichem Glockengebimmel
geht es los!
Das Karussell dreht Runde um Runde.

Und auf dem Schlitten
strahlen Julchen und Lenni
um die Wette.

Die Plätzchenbäcker

Heute brennt schon
die zweite Kerze
auf dem Adventskranz.

Jetzt wird es wirklich Zeit,
Weihnachtsplätzchen zu backen!
Sina und Max warten ungeduldig.

Den Teig hat Mama vorbereitet.
Alles andere wollen
Sina und Max allein machen.

„Ich rolle den Teig aus“,
sagt Max und stäubt Mehl
auf die Arbeitsplatte.

„Dann darf ich aber
die Plätzchen ausstechen!“,
sagt Sina.

Max legt die fertigen Herzen und Sterne
vorsichtig auf das Blech.
Und ab in den Ofen!

Immer wieder schauen
Sina und Max stolz
durch die Scheibe am Herd.

Die Plätzchen sehen
einfach super aus!

„Komm, jetzt machen wir
den Zuckerguss!“,
sagt Sina endlich.

„Zuckerguss?!“, fragt Max erstaunt.
„Die Plätzchen bekommen doch
eine Schokoglasur!“

„Quatsch!“, sagt Sina.
„Schokoglasur passt nicht
zu Himbeerfüllung!“

„Für die Füllung nehmen wir
ja auch Orangenmarmelade“,
meint Max.

„Ohne mich!“, ruft Sina.
„Ich HASSE Orangenmarmelade!
Wir nehmen Himbeer!“

„Nein!“ –„Doch!“ – „Nein!“
Max und Sina funkeln sich wütend an.

Plötzlich steht Mama in der Tür.
„Sagt mal, riecht ihr nichts?"
Sina und Max schnuppern.

Dann stürzen sie
entsetzt zum Ofen.
„Unsere Plätzchen!!!"

Schnell zieht Mama
das Blech aus dem Ofen.

Zu spät!
Herzen und Sterne
sind verbrannt.

Max und Sina
schauen sich betreten an.

Mama seufzt. „Gut, dass ich gleich
die doppelte Menge Teig
angerührt habe!“
Sina und Max strahlen.

„Ich hab's!“, sagt Sina.
„Wir machen die Sterne
mit Schokoglasur
und Orangenmarmelade ...“

„... und die Herzen mit Zuckerguss
und Himbeer, logo“, ergänzt Max.
„Nichts wie los!“

Der Weihnachtsmann trinkt Bananenmilch

Hannes hält Mamas Hand ganz fest.
Puh, ist das voll hier im Kaufhaus!
Und wie die Leute
drängeln und schieben!

„Mama, ich kann nicht mehr“,
jammert Hannes.

Mama überlegt.
„Soll ich dich ins Café bringen?“
„Au ja!“, sagt Hannes.

Mama besorgt Hannes einen Kakao
und sagt: „Ich kaufe nur noch
das Parfüm für Oma.
Dann hole ich dich wieder ab, ja?“

Hannes nickt. „Alles klar."
„Bis gleich, Schatz!"
Schon ist Mama weg.

Hannes schaut sich neugierig um.
Die meisten Tische sind besetzt.
Überall stapeln sich Tüten und Pakete.

„Ist der Stuhl noch frei?“,
fragt plötzlich jemand.
Hannes nickt verdattert.

Das gibt es doch nicht!
Da steht ja der Weihnachtsmann!

Der Weihnachtsmann setzt sich
und bestellt eine Bananenmilch.

Hannes starrt ihn an.
Nein, der ist nicht echt!
Das ist nur so ein verkleideter
Kaufhaus-Weihnachtsmann.

Der Mann im roten Mantel
lächelt Hannes zu.

„Das ist vielleicht anstrengend,
alle Geschenke zu besorgen!
Gut, dass mir die Engel dabei helfen!“

Hannes verdreht die Augen.
Der Typ denkt echt,
dass er darauf hereinfällt!

Seufzend steht
der Weihnachtsmann auf.

„So, ich muss weiter!
Ich will noch die Eisenbahn besorgen,
die du dir wünschst.
Tschüss, Hannes!“

Im nächsten Moment
ist der Mann verschwunden.

Verblüfft starrt Hannes ihm nach.
Der wusste ja seinen Namen!
Und dass er sich
eine Eisenbahn wünscht!

Das war tatsächlich der einzige
und echte WEIHNACHTSMANN!

Katja Reider, geboren 1960 in Goslar, arbeitete als Pressesprecherin des Wettbewerbs *Jugend forscht* – bis sie 1994 zu schreiben begann. In rascher Folge entstanden zahlreiche Kinder- und Jugendbücher, die in viele Sprachen übersetzt wurden. Katja Reider lebt mit ihrem Mann und ihren beiden Kindern in Hamburg.

Betina Gotzen-Beek, geboren 1965 in Mönchengladbach, schlug beim Malen im Kindergarten alle Rekorde, später zu Hause musste die Kinderzimmertapete dran glauben. Nach vielen Reisen durch Europa studierte sie Malerei und Grafik-Design. Seit 1996 illustriert sie Kinderbücher und lebt mit Katz und Kater in Freiburg.

Erster Leseerfolg mit dem LESETIGER

Kleine Bildergeschichten zum ersten Lesen

Loewe